Sybille Beck

An mein Rebel Girl

Sybille Beck

An mein Rebel Girl

60 Geheimnisse, die dir helfen, alles zu erreichen

mvgverlag

Bibliografische Information der Deutschen Nationalbibliothek
Die Deutsche Nationalbibliothek verzeichnet diese Publikation in der Deutschen Nationalbibliografie. Detaillierte bibliografische Daten sind im Internet über http://dnb.d-nb.de abrufbar.

Für Fragen und Anregungen:
info@mvg-verlag.de

1. Auflage 2018

Nymphenburger Straße 86
D-80636 München
Tel.: 089 651285-0
Fax: 089 652096

Umschlaggestaltung: Manuela Amode
Umschlagabbildung: Shutterstock/Nadezda Grapes, Piyapong89, Olga_C
Satz: inpunkt[w]o, Haiger (www.inpunktwo.de)
Druck: Florjancic Tisk d.o.o., Slowenien
Printed in the EU

ISBN Print 978-3-86882-977-8
ISBN E-Book (PDF) 978-3-96121-290-3
ISBN E-Book (EPUB, Mobi) 978-3-96121-291-0

Für meine beiden
wundervollen
Töchter. Ohne euch
wäre alles nichts.

Vorwort

Mütter und Töchter haben eine ganz besondere Beziehung. Jede Mutter wünscht sich für ihre Tochter, dass sie zu einer starken, selbstbewussten Frau heranwächst, die sich in der Welt behaupten kann. Sie möchte sie vor Fehlern bewahren und ihr Ratschläge für ein gutes Leben geben. Damit sie sie guten Gewissens fliegen lassen kann, wenn es soweit ist.
Dieses Buch enthält meine Erfahrungen und Tipps, die ich meinen beiden Töchtern fürs Leben mitgeben möchte. Auf dass sie wilde, freie und unabhängige Räubertöchter werden, die in ihrem Leben alles erreichen können, was sie sich nur erträumen.

Du bist
die Frau
deines Lebens.

Kümmere dich nicht darum, was andere sagen

Abgesehen von deiner Mutter natürlich! Nein, was ich damit sagen möchte: Es gibt bestimmte Menschen, deren Meinung für dich wichtig sein und zählen sollte. Nämlich die Menschen, die es immer gut mit dir meinen, weil sie dich lieben: deine Eltern und deine besten Freunde. Sie wollen immer dein Bestes und deswegen solltest du dir ihre Ratschläge und Kritik zumindest anhören. Bei den meisten anderen weiß man oft nicht, welche Motive hinter den Ratschlägen stecken. Leider sind viele Menschen neidisch und missgünstig und es geht ihnen besser, wenn sie andere Leute ausbremsen. Deswegen kannst du da oft einfach getrost dein Ding durchziehen, egal, ob Frau Müller von nebenan denkt, dass das nicht geht, oder ob deine Kollegin behauptet, das habe noch nie jemand so gemacht.

Der Klügere gibt nicht nach

Eines der sinnlosesten Sprichworte, die ich je gehört habe, ist: »Der Klügere gibt nach.« Bist du wirklich die Klügere, wenn du dich nie durchsetzt? Wenn du immer klein beigibst? Ich bin der festen Überzeugung, dass du dann einfach nur die Unglücklichere bist. Natürlich musst du ab und zu nachgeben und Kompromisse schließen, sonst wärst du ja ein ganz unausstehlicher Zeitgenosse. Aber sich das als grundsätzliche Regel vorzugeben, halte ich für falsch. Denn so wirst du nie deine Ziele erreichen und dich gegen Widerstände durchsetzen können. Und das ist für ein gelungenes und unabhängiges Leben dringend erforderlich. Ich hoffe, dass du dich traust, für deine Überzeugungen zu kämpfen!

Nicht alle Mädchen
sind aus Zucker.
Manche sind aus
Abenteuern, Intelligenz,
Selbstbewusstsein
und Mut.

Lerne alles, was du nur lernen kannst

Entgegen eines Bestseller-Titels gibt es meiner Meinung nach kein unnützes Wissen. Alles, was du weißt, fügt sich zu einem großen Bild zusammen, und je mehr das ist, desto schärfer wird das Bild. Also nutze jede Gelegenheit, etwas Neues zu lernen. Jede Fähigkeit, die du hast, bringt dich irgendwann weiter und jedes Wissen hat einen Wert. Wissen ist Macht! Das ist immer noch wahr. Und wer das Gegenteil behauptet, hat wahrscheinlich einfach Angst vor klugen Frauen.

Was für dich gut ist, muss nicht auch für andere gut sein

Und umgekehrt. Es ist toll, Tipps auszutauschen und sich gegenseitig zu inspirieren. Aber Leute, die ihren Lebensstil für das einzig Wahre halten und andere missionieren wollen, gehen einem einfach nur auf die Nerven. Wie die vegetarische Freundin, die bei jedem Grillabend stundenlang über Tierhaltung referiert. Oder der fitnessverrückte Freund, der jedem ein schlechtes Gewissen einredet, der nicht fünfmal die Woche ins Fitnessstudio geht und es wagt, Brot zu essen. Jeder muss seine Entscheidungen für sich selbst treffen und das tun, was in sein Leben am besten passt. Das kann sich ändern, aber nur durch eigene Überzeugungen und nicht durch die anderer.

Das Leben
ist so kurz.
Nimm dir Zeit
für Meer.

Wichtig ist zu wissen, was du nicht willst

Es wird sehr oft im Leben eine Situation kommen, in der du nicht weißt, wie du dich entscheiden sollst, weil du nicht genau weißt, was du willst. Das ist ganz normal. Viel wichtiger als genau zu wissen, was man will (obwohl das natürlich auch hilft), ist zu wissen, was man nicht will. Schließe also zunächst einmal die Optionen aus, die du nicht möchtest, das erleichtert schon mal enorm den Überblick. Das ist so, wie aus der Gummibärchentüte die Lakritze auszusortieren: Man hat einen viel besseren Blick auf die guten Sachen! Wenn du dir darüber klar wirst, was du nicht willst, verschwendest du keine Energien in die falsche Richtung und kannst dich dann besser dafür entscheiden, was du wirklich willst. Wenn du dich einmal zwischen zwei Optionen entscheiden musst und wirklich nicht weißt, welche besser ist, hilft es manchmal, einfach für sich eine Entscheidung zu treffen und eine Nacht darüber zu schlafen. Bist du am nächsten Tag zufrieden, war es die richtige Wahl, nagt es noch an dir und du bist unglücklich, versuche es nochmal mit der anderen Option.

Stehe zu deinen Fehlern

Jeder Mensch macht Fehler. Das ist ganz normal. So lernen wir. Was peinlich ist, sind Menschen, die nach einem Fehler versuchen, sich herauszuwieseln und anderen die Schuld in die Schuhe zu schieben. Deswegen stehe zu deinen Fehlern. Wenn nötig, entschuldige dich. Wichtig ist, dass du daraus lernst. Nur wer Fehler macht, weiß beim nächsten Mal, wie es besser geht. Einen Fehler zu machen ist nicht schlimm, solange man denselben Fehler nicht zweimal macht.

Schön,
dass es dich gibt.

Glaube an die große Liebe

Du musst nie mit einem Mann (oder auch einer Frau) zusammen sein, der »eigentlich ganz nett« ist. Nur weil du Angst hast, ansonsten alleine zu enden. Wenn du an die große Liebe glaubst, dann wirst du sie auch finden, oder sie dich. Denn es gibt sie. Und du wirst den Menschen treffen, der dich glücklich macht und mit dem du dein Leben verbringen willst. Vielleicht nicht gleich im ersten oder zweiten oder fünften Versuch. Aber er wird kommen. Du darfst dich nur nicht mit Herrn oder Frau Eigentlich-ganz-nett zufriedengeben.

Sag, wenn dir was nicht passt

Ich habe oft Menschen getroffen, die sich sehr über andere oder etwas, das sie getan hatten, aufregten und ärgerten – ohne, dass diese anderen Menschen auch nur den Hauch einer Ahnung davon gehabt hätten, dass sie etwas falsch gemacht haben, weil sie niemand darauf angesprochen hat. Demnach konnten sie auch nichts an ihrem Verhalten ändern. Ich habe sehr gute Erfahrungen damit gemacht, es einer Person freundlich, aber direkt zu sagen, wenn ich mich über sie geärgert habe, anstatt lange einen Groll zu hegen. Meistens ist das Thema dann schnell aus der Welt und man hat den Kopf frei für andere Dinge. Auch in Paarbeziehungen funktioniert das sehr gut. Menschen können nicht hellsehen und ahnen, dass man sich über sie ärgert, wenn man nichts sagt.

Im Leben geht
es nicht um die
To-dos, sondern
um die Tadaaaas!

Pflege drei gute Freundschaften

Um Freunde muss man sich kümmern, besonders um die guten. Wenn du möchtest, dass Menschen wirklich auch für dich da sind, wenn du sie brauchst, reicht es nicht, ihnen alle drei Monate eine E-Mail oder WhatsApp zu schreiben. Auch wenn einem Facebook und andere Social-Media-Plattformen suggerieren, man könnte locker 800 Freunde haben, entspricht das leider (oder zum Glück) nicht der Wahrheit. Bekanntschaften und Freunde sind nicht dasselbe. Deswegen sieh zu, dass du drei wirklich gute Freundschaften richtig pflegst. Drei richtig gute Freunde, für die du immer da bist und die für dich immer da sind. Dann wirst du immer jemanden haben, der dich auffängt. Denn Bekanntschaft Nummer 374 kannst du wahrscheinlich nicht mitten in der Nacht anrufen, wenn du die U-Bahn verpasst hast oder dein Freund dich verlassen hat. Deine echten Freunde schon. Und natürlich deine Mama.

Lass dich öfter mal auf was Neues ein

Ich weiß, am gemütlichsten ist es so, wie man es kennt, und da, wo man es mag. Beim Italiener um die Ecke die Pizza Regina und Donnerstagabend Topmodel. Wir brauchen Routinen, sie ersparen uns die Mühe, uns etwas Neues zu überlegen und geben uns Sicherheit. Aber ab und an solltest du deine Komfortzone verlassen und einfach mal etwas ausprobieren, das du noch nie gemacht hast. Nur so kannst du neue Leidenschaften entdecken und deinen Horizont erweitern. Denn im Leben gilt die gleiche Regel wie bei uns am Esstisch: Man darf nicht sagen »Das mag ich nicht«, bevor man es überhaupt probiert hat.

Glücklich steht dir.

Sei auch mal unbequem

Du kannst und sollst es nicht allen Menschen recht machen im Leben. Für manche Dinge lohnt es sich, anzuecken und unbequem zu sein. Oder auch mal penetrant. Oder stur. Wenn dir etwas wichtig ist, ist es das wert. Auch wenn es vielleicht mal trotzdem nicht klappen sollte, wenigstens musst du dir dann nicht vorwerfen, du hättest nicht alles gegeben. Und wenn es klappt, war es die Konfrontation ohnehin wert.

Sag niemals nie

Verbaue dir nicht manche Optionen, indem du bestimmte Dinge von vornherein kategorisch ausschließt. Meinungen ändern sich und Menschen entwickeln sich. Manchmal ganz anders, als man das von sich selbst erwartet hätte. Und es ist nicht einfach, von einem »Ich werde niemals …« wieder abzukommen, auch wenn man irgendwann gar nicht mehr weiß, warum man das eigentlich nie wollte. Und manchmal will man mit 33 eben ganz andere Dinge als mit 16. Meistens sogar. Und das ist gut so.

Man muss das
Leben tanzen.

Wehr dich

Hier möchte ich dir einen Rat mitgeben, mit dem mich schon meine Mutter in den Kindergarten geschickt hat, und der auf viele Situationen im Leben anwendbar ist. Sie sagte zu mir: »Wenn ich jemals erfahre, dass du im Kindergarten ein anderes Kind zuerst geschlagen hast, dann mach dich auf den Ärger deines Lebens gefasst. Aber wenn dich jemand schlägt, dann hau zurück, so fest du kannst.« Du musst dir im Leben nicht alles gefallen lassen. Selbstverständlich kann man Konflikte auch lösen, indem man die andere Wange hinhält, aber man muss aufpassen, dass man nicht zum leichten Opfer wird. Natürlich auch auf keinen Fall ein Bully, der die anderen terrorisiert. Aber wenn du auf Ärgernisse im Leben nicht reagierst wie das Kaninchen vor der Schlange, sondern ihnen etwas entgegensetzt, dann wird es für andere schon deutlich schwieriger, dich zu ärgern.

Sei auch mal unvernünftig

Ich weiß, als Mutter versuche ich immer, dich zur Vernunft zu erziehen und zu ermahnen. Aber jetzt mal ehrlich: Den größten Spaß im Leben wirst du haben, wenn du ab und an auch mal unvernünftig bist. Sieben Kugeln Eis? Tanzen gehen bis sechs Uhr morgens, auch wenn du am nächsten Tag arbeiten musst? Den sündteuren Kaschmirpullover, den du dir eigentlich nicht leisten kannst? Nur zu, deine Mutter muss ja nicht alles wissen!

Reise,
so viel du kannst.

Lies möglichst viele gute Bücher

Gute Bücher sind Unterhaltung, Entspannung und Bildung in einem. Sie erschließen einem fremde Welten und erklären unbekannte Themen. Lies also so viele gute Bücher, wie du nur kannst. Und verschwende keine Lebenszeit an die schlechten. Wenn dich ein Buch nicht packt, traue dich, es nach 20 Seiten zur Seite zu legen und ein anderes anzufangen. Vielleicht gibst du ihm in ein, zwei Jahren nochmal eine Chance. Vielleicht auch nicht. Aber ich habe mich oft geärgert, Stunden auf ein Buch verwendet zu haben, das mir schon am Anfang nicht gefallen hat. Denn meistens hat sich meine Meinung auch nicht mehr geändert. Und ein anderes Buch hätte mich in der selben Zeit glücklich machen können.

Erkenne, welche Menschen dir guttun und welche nicht

Ich hatte mal eine Freundin, mit der war irgendwie nichts einfach. Jede Planung und jedes Treffen waren anstrengend, oft warf sie fertige Pläne über den Haufen und alles musste immer nach ihren Vorstellungen gehen, sonst hatte sie schlechte Laune. Lange Zeit habe ich das mitgemacht, hatte aber immer weniger Lust, mich mit ihr zu treffen. Erst, als ich den Kontakt abgebrochen habe, habe ich schließlich gemerkt, welche Last von mir abfiel und wie viel Energie mich diese »Freundin« gekostet hatte. Ich habe es nie bereut, sie nicht mehr zu treffen. Deswegen: Erkenne, welche Menschen dir wirklich guttun und trenne dich von denen, die dich nur anstrengen und Kraft kosten. Es gibt so viele andere Dinge, auf die du diese Energie verwenden kannst!

Manchmal sollte
man nicht zu viel
nachdenken.
Wenn es sich richtig
anfühlt, dann ist es das
wahrscheinlich auch.

Herr Pareto war ein kluger Mann

Eines der besten und hilfreichsten Prinzipien, die ich je kennengelernt habe, ist das Pareto-Prinzip. Herr Vilfredo Pareto hat eine Regel aufgestellt, die besagt, dass man 80 Prozent einer Aufgabe mit 20 Prozent des Aufwandes erledigen kann. Die verbleibenden 20 Prozent der Aufgabe, also der Feinschliff, benötigen 80 Prozent des Aufwandes und machen damit die meiste Arbeit. Diese 80/20 Regel ist auf viele Dinge im Leben anwendbar, denn meistens reichen die schnell erreichten 80 Prozent vollkommen. Du bekommst überraschend Besuch und musst noch aufräumen und putzen? Mach schnell das Nötigste und Offensichtliche, es wird reichen (ich nenne das Pareto-Putzen). Niemand schaut nach, ob du auch auf dem Kühlschrank abgestaubt hast. Du hast dir für einen Tag zu viele Aufgaben vorgenommen und schaffst nicht alle? Mach erstmal alle, die du schnell erledigen kannst und stelle die komplizierteren für den nächsten Tag zurück. Du wirst viel schaffen. Wenn du diese Regel klug anwendest, bleibt dir genug Zeit im Leben, um bei den Dingen, die dir wirklich wichtig sind, 100 Prozent zu geben.

Sei dein eigener größter Fan

Mädchen werden oft dazu erzogen, bescheiden und ruhig zu sein. Das führt dann leicht dazu, dass sie auch später ihr Licht unter den Scheffel stellen und ganz selbstverständlich ihre Aufgaben erledigen, während ihre männlichen Kollegen mit ihren Erfolgen prahlen und befördert werden. Das heißt natürlich nicht, dass du ständig anderen Leuten unter die Nase reiben sollst, wie toll du bist. Niemand mag Angeber. Aber wenn du etwas gut gemacht hast, darfst du durchaus stolz auf dich sein und dir mal selbst auf die Schulter klopfen. Und auf ein Lob mit einem selbstbewussten »Danke!« antworten anstatt mit »Ach, das war doch nichts Besonderes.« Denn wenn man selber weiß, wie gut man ist, dann merken das auch die anderen. Und falls du doch mal an dir zweifeln solltest, hast du ja immer noch deine Mutter. Ich werde immer dein größter Fan sein!

Du kannst.

Ende der Geschichte.

Mach dich von niemandem abhängig

Es ist immer gut, sein eigenes Geld zu verdienen. Auch wenn du später einmal mit einem hoffentlich sehr großzügigen Partner verheiratet sein solltest, ist es trotzdem ratsam, immer auch dein eigenes Geld zu haben. Denn manchmal verstehen Männer einfach nicht, warum man unbedingt dieses neue Kleid (das natürlich ganz anders ist als alle, die man schon hat!!) braucht oder »schon wieder« kurz in die Buchhandlung muss. Und dann ist es schön, wenn man sich einfach mal was gönnen kann, ohne erklären, diskutieren oder gar um Erlaubnis fragen zu müssen. Außerdem gibt es dir auch ein gutes Gefühl, wenn du unabhängig bist und in allen Lebenslagen allein klarkommst.

Wähle deine Kämpfe

Das ist etwas, das ich vor allem als Mutter gelernt habe. Man muss nicht alles, was einem nicht passt oder was man gern anders hätte, sofort mit der anderen Person diskutieren und auskämpfen. Sondern man muss sich seine Kraft aufsparen für die Dinge, die einem wirklich wichtig sind. Und es dann richtig durchziehen. Alles andere darf man auch mal ignorieren und durchgehen lassen. Oder sogar akzeptieren. Sonst würden wir am Ende den ganzen Tag nur streiten. Und das will ja wirklich keiner.

Erfolg kommt dann,
wenn du tust,
was du liebst.

Genieße gutes Essen

Immer wieder sehe ich in Restaurants Frauen, die an drei Salatblättern ohne Dressing knabbern und das dann ein Abendessen nennen. Niemand kann mir erzählen, dass sie nicht lieber etwas anderes gegessen hätten. Es ist wichtig und richtig, auf seine Figur und seine Gesundheit zu achten, aber das muss nicht immer und überall sein. Wenn du im Restaurant isst und die Möglichkeit hast, etwas Besonderes zu essen, das du selten bekommst oder besonders gerne magst, dann nutze sie! Genieße es! Es macht viel mehr Spaß, mit jemandem zusammen zu essen, dem es auch schmeckt. Du brauchst kein schlechtes Gewissen zu haben, vernünftig kannst du auch das nächste Mal oder zu Hause wieder sein.

Schätze deine Familie

Ja, ich weiß, seine Familie kann man sich nicht aussuchen. Aber genau darum ist es wichtig, aus dem, was man hat, das Beste zu machen. Und wenn du für deine Familie da bist, werden die Familienmitglieder auch für dich da sein. Und zwar immer und bedingungslos. Egal, was ist. Weil Familie das Wichtigste ist. Niemand sonst liebt dich so sehr wie sie. Und du hast das Glück, Geschwister zu haben? Wahrscheinlich ist eure Beziehung oft nicht einfach, aber du hast hier die Chance auf einen Verbündeten oder eine Verbündete fürs Leben. Nutze sie!

Kurz und knapp,
ehrlich wahr:
Du bist einfach
wunderbar!

Kämpfe für deine Träume

Dinge sind nur so lange unmöglich, bis jemand sie tut und beweist, dass sie möglich sind. Dieser jemand kannst du sein! Wenn du Träume für dein Leben hast, lass dich nicht von irgendwelchen Pessimisten davon abbringen. Wenn du es wirklich willst, kannst du es schaffen. Du wirst Hilfe brauchen und manchmal muss man Träume etwas anpassen, aber das soll dich nicht von deinem Weg abbringen. Wenn dir etwas wirklich wichtig ist, kämpfe dafür und gib alles! Ich werde immer für dich da sein, um dir zu helfen, wenn du es brauchst.

Wenn du etwas Perfektes gefunden hast, lege dir einen Vorrat an

Ganz manchmal finden wir Dinge, die perfekt für uns sind: diese eine Schokoladensorte, diese bestimmte Nagellackfarbe, dieses herrliche Parfum! Leider passiert es ganz oft, dass man dann im Laden steht und es plötzlich heißt: »Das gibt es nicht mehr.« Deswegen: Wenn du etwas gefunden hast, das du liebst, kaufe gleich zwei oder drei davon und lege dir einen kleinen Vorrat an. Bei vielen Dingen geht das ohnehin nicht. Den perfekten Sonnenuntergang können wir einfach nur genießen und über den für uns perfekten Partner können wir uns jeden Tag freuen. Aber von den kleinen Dingen im Leben, die uns viel Freude bereiten, lohnt es sich, immer noch ein oder zwei mehr im Schrank zu haben. Nur zur Sicherheit ...!

Am schönsten sind wir,
wenn wir niemandem
gefallen wollen.

Lebe mal im Ausland

Wenn es tatsächlich soweit ist, werde ich mir wünschen, dir nie diesen Rat gegeben zu haben, weil ich dich so vermissen werde, aber: nichts formt einen als Menschen und erweitert den Horizont so sehr, wie eine Weile im Ausland zu leben. Am besten, ohne jemanden vorher dort zu kennen. Du wirst neue Leute und dich selbst besser kennenlernen, neue Kulturen entdecken und eine Sprache fließend sprechen lernen. Sei es als Auslandsjahr während der Schule oder im Studium ein Semester in einem anderen Land: Du wirst daran wachsen, viel lernen und stärker werden. Und dein Leben lang davon profitieren. Wenn dir meine ständigen Besuche auf die Nerven gehen, schick mich bitte einfach nach Hause …

Freundlichkeit ist ein Bumerang

Unfreundlichkeit auch. Versuche, andere Menschen immer freundlich und zuvorkommend zu behandeln, denn dann werden sie auch freundlich und respektvoll mit dir umgehen. Wer gute Laune verbreitet, wird auch in strahlende Gesichter blicken. Versuche, deine schlechte Laune nie an anderen, unschuldigen Menschen auszulassen, denn sonst wird sie wieder zu dir zurückkommen. Der einfachste Weg zu einem angenehmen Miteinander ist tatsächlich, andere so zu behandeln, wie du auch selbst behandelt werden möchtest.

Sei wild,
frei und
wunderbar!

Kümmere dich um deinen Körper

Und damit meine ich sicher nicht, dass du eisern trainieren und dich selbst kasteien sollst, um einem bestimmten Bild zu entsprechen. Du sollst dich in deinem Körper wohlfühlen. Und sorgsam mit ihm umgehen, denn du hast nur den einen. Es geht uns besser, wenn der Körper gesund ist. Denn wie schon die alten Römer wussten: Mens sana in corpore sano – ein gesunder Geist wohnt in einem gesunden Körper. Es lohnt sich also, zumindest ab und an gesund zu essen und einen Sport zu finden, der dir Spaß macht. Denn wenn man sich nicht von irgendwelchen Gebrechen oder Krankheiten einschränken lassen muss, kann man auch viel besser die Dinge machen, die Spaß machen.

Manchmal ist es besser, um Verzeihung als um Erlaubnis zu bitten

Es gibt manchmal Dinge, die sind uns sehr, sehr wichtig, aber wir wissen, dass sie riskant sind oder dass andere nicht damit einverstanden sein könnten. Wenn du weißt, dass du für etwas nie die Erlaubnis bekommen würdest, es dir aber unheimlich wichtig ist, kann es in Ausnahmefällen gerechtfertigt sein, es einfach trotzdem zu versuchen, und falls die Sache schiefgeht, dazu zu stehen und sich zu entschuldigen. Das ist aber ein Vorgehen, das man nicht oft rechtfertigen kann. Überlege also gut, ob die Sache es wirklich wert ist. Wenn ja, gehe es an und gib alles.

Jeder hat Kraft.
Es kommt nur darauf an,
wofür du sie einsetzt.

Mache deine eigenen Fehler

Es ist gut, auf Warnungen anderer zu hören und dann bestimmte Dinge nicht zu machen. Aber wenn man immer auf alle Warnungen hört, dann kann man am Ende gar nichts mehr tun. Und schon gar nichts Neues. Denn schiefgehen kann immer etwas. Manchmal muss man auch einfach die Warnungen in den Wind schlagen und die Sache selbst versuchen. Wenn es schiefgeht, dann ist es eben so. Dann hat man es wenigstens versucht. Dann muss man die Aktion als Fehler verbuchen und etwas anderes probieren. Aber zumindest weiß man dann, dass es wirklich nicht geht.

Bewahre nur positive Geheimnisse

Geheimnisse können etwas Tolles sein, vor allem für junge Mädchen. Es ist aufregend, etwas nur mit bestimmten Personen zu teilen und ein exklusiver Kreis zu sein. Aber manche Geheimnisse können dich in Schwierigkeiten bringen und dir schaden. Bewahre deshalb nur Geheimnisse, die dir ein gutes Gefühl geben und mit denen es dir gut geht. Wenn dir bei einem Geheimnis mulmig zumute ist oder du Angst hast, wenn du daran denkst, solltest du es unbedingt jemandem anvertrauen.

Du bist magisch.

Lebe im Hier und Jetzt

Natürlich ist es sinnvoll, an die Zukunft zu denken und auf bestimmte Ziele hinzuarbeiten. Aber muss man wirklich schon im Kindergarten ein Kind auf seinen zukünftigen Studiengang vorbereiten? Müssen im Mai schon die Weihnachtsgeschenke erledigt sein? Mach dich auch mal frei von der ganzen Planerei und deinem Kalender und genieße einfach den Augenblick. Mach das, wonach dir gerade ist und lass dir selber mal die Zügel locker. Du wirst sehen, wie entspannend das ist. Danach hast du sicher wieder viel mehr Energie, um die Planungen für die nächste Woche in Angriff zu nehmen.

Lass dich von etwas Besserem überzeugen

Ich weiß, prinzipiell rate ich dir eher, zu deiner Meinung zu stehen und dich durchzusetzen. Es ist aber auch ein Zeichen von Klugheit und Stärke, wenn man ehrlich eingestehen kann, wenn jemand anders die überzeugenderen Argumente oder die bessere Idee hat. Manchmal muss man einfach Größe zeigen, neidlos anerkennen, dass ein anderer Plan besser ist und dann gemeinsam alle Energien in diesen stecken. Das ist für alle besser, als Zeit und Kraft mit sinnlosen Diskussionen zu vergeuden. Und beim nächsten Mal ist es sicher wieder deine Idee, die zündet.

Fröhlichkeit ist deine Superkraft.

Lerne kein Latein

Das ist ein sehr spezifischer Ratschlag, ich weiß. Aber als Besitzerin des großen Latinums muss ich leider sagen, dass es einem absolut nichts fürs Leben bringt, Latein zu können (außer für ein Masterstudium in Bayern vielleicht, aber da kann man das Nötige nachholen). Gleichzeitig muss man in Latein so viel Aufwand und Mühe und Zeit investieren, dass man in dieser Zeit locker zwei andere Sprachen lernen kann, die man hinterher auch tatsächlich verwenden kann. Hätte ich die fünf Jahre Latein doch nur auf Französisch oder Spanisch verwendet! Dann könnte ich eine dieser Sprachen jetzt tatsächlich einigermaßen fließend sprechen. Und das Argument, dass man, wenn man Latein kann, alle romanischen Sprachen viel leichter lernen kann, halte ich auch für Augenwischerei. Um Vokabeln aus dem Lateinischen ableiten zu können, muss man sie auch erstmal gelernt haben. Dann kann man auch gleich die französische Vokabel lernen. Und dann zum Schüleraustausch nach Paris fahren!

Schaffe dir Freiräume

In der Arbeit bestimmt der Chef, beim Sport müssen wir nach Regeln spielen und zu Hause wartet die To-do-Liste fürs Wochenende. Wir müssen die meiste Zeit irgendwie funktionieren und Regeln gehorchen. Schaffe dir deswegen Freiräume, in denen du keine Erwartungen erfüllen musst. Zeit, die ganz allein dir gehört und mit der du tun und lassen kannst, was du möchtest. Egal, ob du malst, laufen gehst oder meditierst: Hauptsache, du bist in dieser Zeit komplett selbstbestimmt. Danach hast du den Kopf frei und wieder Kraft für alle Aufgaben des Alltags.

Sei furchtlos
und trau dich,
Risiken einzugehen.
So werden deine
Träume wahr.

Schließe Kompromisse

Es wird immer wieder die Situation kommen, dass du deine Meinung vertreten und gekämpft hast und den anderen trotzdem nicht komplett überzeugen konntest. Dann musst du lernen, Kompromisse zu schließen und damit auch zufrieden zu sein. Kompromisse sind eines der wichtigsten Mittel zur Konfliktlösung. Du musst Prioritäten setzen und versuchen, die Punkte, die dir am wichtigsten sind, durchzusetzen. Bei den anderen kannst du nachgeben. Es gilt, den Kompromiss zu finden, mit dem beide gut leben können und bei dem alle das Gefühl haben, ein bisschen gewonnen zu haben. Denn, wie Ludwig Erhard sagte: »Ein Kompromiss, das ist die Kunst, einen Kuchen so zu teilen, dass jeder meint, er habe das größte Stück bekommen.«

Frechheit siegt

Oft sind wir schüchtern und zurückhaltend und ärgern uns hinterher darüber. Manchmal lohnt es sich, einfach dreist zu sein. Im ausgebuchten Restaurant bei einem tollen Tisch fragen, ob man sich dazusetzen darf? Bei der endlos langen Schlange mit dem Türsteher flirten, damit er einen reinlässt? Dem hübschen Typen aus dem Café einfach die Telefonnummer auf die Serviette schreiben? Warum nicht?! Solange es niemand anderem schadet, können wir es ja mal versuchen.

Halte durch
und gib niemals auf,
auch wenn
andere glauben,
du kannst es nicht.

Missgunst steht niemandem

Es wird oft im Leben so sein, dass andere etwas haben, das du auch gern möchtest. Dann wirst du neidisch auf sie sein, das ist ganz normal. Es gibt aber einen großen Unterschied zwischen Neid und Missgunst. Dem anderen nicht zu gönnen, was er hat, also missgünstig zu sein, ist eine sehr hässliche Charaktereigenschaft, die man möglichst schnell loswerden sollte. Missgünstig zu sein ist einfach nur bösartig, schadet dem anderen und bringt dir selbst überhaupt nichts. Neid hingegen bedeutet zunächst einfach nur, für sich das zu wollen, was der andere hat, ohne es diesem streitig machen zu wollen. Neid ist kaum zu vermeiden und kann auch ein guter Ansporn sein. Wichtig ist, dass der Neid ohne Gehässigkeit auskommt. Im Optimalfall bekommt außer dir von deinem Neid gar niemand etwas mit.

Herzen heilen

Ich wünschte, ich könnte dich davor bewahren, aber es wird irgendwann im Leben passieren, dass dir jemand dein hübsches kleines Herz bricht. Das kann die erste große Liebe sein oder die beste Freundin. Und es wird sich für dich so anfühlen, als ob die Welt untergeht und nichts jemals wieder gut sein kann. Und hier kann ich dir versichern: Auch wenn man es im ersten Moment nicht glaubt, Herzen heilen. Es dauert seine Zeit und es kann einem auch nach einiger Zeit immer wieder einen Stich versetzen, aber irgendwann wirst du merken: Es wird besser. Das Leben geht weiter und hat noch viel schönere Dinge für dich in petto. Rückblickend hat nämlich dann doch alles irgendwie sein Gutes. Und bis du bei dieser Erkenntnis angekommen bist, lass dich von guten Freunden trösten und aufmuntern. Und von deiner Mama natürlich.

Habe ein Lächeln
auf den Lippen,
ein Ziel vor Augen
und Mut in
deinem Herzen.

Bitte um Hilfe, wenn du sie brauchst

Oft hat man den Anspruch an sich selbst, bestimmte Dinge alleine und ohne Hilfe zu schaffen. Und es ist immer gut, es zu versuchen. Aber du darfst nicht zu stolz sein, dir einzugestehen, wenn du doch bei irgendwas Hilfe brauchst. Das ist keine Schande, im Gegenteil. Es ist viel besser, rechtzeitig um Hilfe zu bitten und damit das bestmögliche Ergebnis zu erreichen, als selbst herumzuprobieren, bis es zu spät ist. Niemand kann alles können.

Mach dich ruhig mal schmutzig

Ich habe es als Kind immer gehasst, die schönen Kleider anzuziehen, weil es dann immer hieß: »Mach dich nicht schmutzig!«. Das war in etwa gleichbedeutend mit: »Hab bloß keinen Spaß!«. Auch Mädchen dürfen im Dreck wühlen und Regenwürmer sammeln. Mit Anlauf in die größten Pfützen springen und auf Bäume klettern. Und wenn die Klamotten das nicht aushalten, dann hätten sie keine Kinderkleider werden dürfen, sondern Sofakissen. Auch später ist es sehr befreiend, nicht den Anspruch an sich selbst zu haben, immer etepetete sein zu müssen. Einfach mal machen, was Spaß macht. Es gibt ja zum Glück die Waschmaschine.

Wenn du
mit Freunden
zusammen bist,
ist nichts unmöglich.

Sei ein Entdecker

Sei neugierig auf alles, was du noch nicht kennst! Entdecke neue Geschmäcker, Gegenden, Aktivitäten! Probiere alles erstmal aus und entscheide dann, was du magst. Solange du jung bist, hast du alle Möglichkeiten. Wir werden von selbst konservativer, wenn wir älter werden. Deswegen sei so abenteuerlustig und entdeckungsfreudig, wie du nur kannst. Nur so kannst du deinen Horizont erweitern. Und sichergehen, dass du nichts Tolles verpasst hast!

Freue dich über das, was du hast

Manchmal wirst du den Eindruck haben, dass es in deinem Leben nicht so läuft, wie du es gern hättest, und unzufrieden sein. Dann ist es ganz wichtig, dass du dich auf die tollen Dinge in deinem Leben konzentrierst. Lege den Fokus auf das, was gut läuft und freue dich über alles, was du hast. Mach dir alles bewusst, worauf in deinem Leben andere vielleicht neidisch sein könnten. Dann wirst du schnell merken, dass das Gute das Schlechte bei Weitem überwiegt. Wir neigen nur dazu, dem Schlechten mehr Aufmerksamkeit zu schenken. Das müssen wir bewusst ändern, dann geht es uns sofort besser.

Wenn du
innerlich stark bist,
kann dich nichts und
niemand umhauen.

Nur eine Null hat keine Ecken und Kanten

Sei du selbst und sei stolz darauf. Du bist perfekt, genau so, wie du bist. Deine Eigenheiten machen dich besonders, einzigartig und liebenswert. Du musst dich nicht an die Masse anpassen und darfst ruhig auch mal anecken. Die Welt wäre sehr langweilig, wenn wir alle gleich wären.

Gönn dir was

Es ist gut, sparsam und vernünftig zu sein. Aber nicht die ganze Zeit. Manchmal musst du auch einfach mal über die Stränge schlagen und dir etwas gönnen. Es dir so richtig gut gehen lassen. Sei es das extra große Stück Schokokuchen mit Sahne, das Wellnesswochenende oder das neue Buch im Hardcover, anstatt auf das günstige Taschenbuch zu warten. Egal, was es ist, Hauptsache es macht dich glücklich!

Die Welt braucht
mehr Räubertöchter.

Style dich immer so, dass du dich wohlfühlst

Das ist bei allen Leuten unterschiedlich. Manche fühlen sich ungeschminkt und in Jogginghose super, andere müssen immer top gestylt und perfekt geschminkt sein, um mit sich zufrieden zu sein. Mach das, womit du dich am besten fühlst. Das kann an verschiedenen Tagen ganz anders sein oder sich über die Zeit ändern. Wenn du dich wohlfühlst, wirst du automatisch auch eine tolle Ausstrahlung haben und schön aussehen.

Behandle alle Menschen mit Respekt

Es gibt nichts Unsympathischeres als Menschen, die meinen, sie seien besser als andere. Wer herablassend mit anderen umgeht, zeigt der ganzen Welt seinen schlechten Charakter. Alle Menschen verdienen die gleiche Freundlichkeit und das gleiche Maß an Respekt, egal, wer oder was sie sind. Behandle alle Menschen immer so, wie du an ihrer Stelle behandelt werden möchtest. Man weiß nie, wann man Menschen wieder trifft.

Fülle deinen Kopf
mit Träumen,
nicht mit Sorgen.

Weine, wenn dir danach ist

Wir versuchen immer, stark zu sein und uns vor anderen nicht anmerken zu lassen, wenn uns etwas trifft, ärgert oder traurig macht. Aber wir sind auch nur Menschen und manchmal ist einem ganz einfach zum Heulen zumute. Lass es raus! Ab und zu muss es einfach sein. Am besten kann man sich an der Schulter eines lieben Menschen ausweinen. Und wenn der Körper die ganzen Giftstoffe und den Frust und den Ärger ausgeschwemmt hat, geht es einem gleich ein bisschen besser. Auch wenn man erstmal nicht so aussieht.

Kümmere dich um dich selbst, bevor du dich um andere kümmerst

Dieser Ratschlag hört sich erstmal sehr egoistisch an. Ist er aber nicht, denn wem es selbst nicht gut geht, der kann auch nicht richtig für andere da sein. Dann ist am Ende niemandem geholfen und allen geht es schlecht. Deswegen halte es im Leben wie im Flugzeug: Leg deine Sauerstoffmaske zuerst an und hilf danach den anderen. Denn es nützt niemandem etwas, wenn du erstickst, während du versuchst, andere zu retten.

Es muss nicht
immer Sinn ergeben.
Meistens reicht es schon,
wenn es Spaß macht.

Frage nur Fragen, auf die du auch die Antwort hören willst

Menschen, und insbesondere Frauen, sind von Natur aus neugierig. Wir wollen am liebsten alles wissen. Aber manchmal schützt uns das Nichtwissen auch vor Schmerz. Wir müssen überlegen, ob wir die Wahrheit auch wirklich ertragen können, wenn wir einer Sache auf den Grund gehen. Ist es wirklich gut zu wissen, dass sich deine beste Freundin auch öfter mit der einen Bekannten trifft, die du nicht ausstehen kannst? Oder belastet dieses Wissen einfach nur die Beziehung zu deiner Freundin, ohne dir etwas zu bringen? Oder würdest du es wirklich wissen wollen, wenn dein Partner mit einer Frau geflirtet hat, die er nie wiedersieht und ohne, dass etwas passiert ist? Oder würde es dich nur misstrauisch und eifersüchtig machen? Überlege dir gut, welche Fragen du stellen möchtest und bei welchen es dir besser geht, wenn du sie ruhen lässt.

Tu in deiner Freizeit nur das, was dir Spaß macht

Wir müssen im Leben so oft Dinge tun, auf die wir eigentlich keine Lust haben, um die wir aber nicht herumkommen. Es hilft nichts, da müssen wir durch. Die Aufgaben in der Arbeit müssen erledigt werden und auch der Haushalt macht sich leider nicht von allein. Aber mache es dir nicht schwerer, als du musst. Nimm dir in deiner Freizeit die Freiheit, nur das zu tun, was du auch tun möchtest und was dir Spaß macht. Deine Freundin möchte unbedingt auf eine schicke Party gehen, aber du hast dich schon die ganze Woche darauf gefreut, am Samstagabend in Jogginghosen die letzte Folge deiner Serie zu schauen? Hab kein schlechtes Gewissen abzusagen. Genieß deinen Abend, erhole dich und beim nächsten Mal hast du sicher wieder Lust und bist dabei.

Wenn dir
etwas wichtig ist,
gibt es kein Aber.

Mach dir ein gemütliches Zuhause

Egal, ob es dein Zimmer, die Studenten-WG oder dein Haus ist: Mach dein Zuhause zu einem Ort, an dem du dich wohlfühlst und dich sofort entspannen kannst. Es soll dein Rückzugsort sein, an den du vor der Welt flüchten kannst. Hier kannst du dich erholen und Kraft tanken. Richte es dir gemütlich ein und suche die Möbel nach deinen Bedürfnissen aus. Alle stehen gerade auf Hochglanz-Weiß, aber du fühlst dich damit wie beim Zahnarzt? Dann bring Farbe in die Bude! Du verbringst viel Zeit in deinem Zuhause, also mach es für dich so schön wie möglich.

Man bereut nur die Dinge, die man nicht getan hat

Das stimmt wahrscheinlich nicht zu hundert Prozent. Aber will heißen: Lieber einmal zu viel gewagt, als immer zögerlich zu sein und sich dann denken zu müssen »Hätte ich doch …«. Also trau dich und mach dein Ding!

Nimm dir Zeit und
verschwende sie mit
tollen Menschen.

Lass dich nicht einschüchtern

Nur, weil andere Leute lauter, energischer oder unverschämter sind als du, heißt das nicht, dass sie mehr wissen oder gar Recht haben. Leider wird es immer wieder Menschen geben, die versuchen, andere einzuschüchtern, um zu gewinnen. Verteidige ruhig, aber beharrlich deine Position und lass deine Argumente für sich sprechen. Meistens haben diejenigen, die zu solchen Methoden greifen müssen, nämlich keine besonders guten.

Sei Pippi, nicht Annika

Brav und ordentlich sein ist ja schön und gut, aber unsere Heldin ist Pippi Langstrumpf. Pippi ist einfach sie selbst, hat vor niemandem Angst und macht, was sie will. Davon können wir uns eine ordentliche Scheibe abschneiden. Pferde hochheben ist eher was für Fortgeschrittene, aber wir können ja mal damit anfangen, uns wie Pippi nicht darum zu scheren, was die anderen über uns denken.

Du bist fantastisch,
weil du ein
Mädchen bist.

Lerne kochen

Und damit meine ich natürlich nicht Gourmetküche, obwohl das natürlich auch toll ist. Sondern ein paar Standardgerichte, die jeder können sollte. Mit denen man sich immer über Wasser halten und auch mal ein paar Freunde bewirten kann. Die Spaß machen und schnell gehen. Denn immer den Pizzaservice rufen zu müssen, geht nicht nur ganz schön ins Geld, sondern hängt einem auch irgendwann zum Hals raus. Und außerdem ist es für mich beruhigend zu wissen, dass du nicht verhungern musst, wenn du ausziehst.

Du musst nicht alles selber machen

Ich weiß, wenn man es selbst macht, weiß man wenigstens, dass es richtig gemacht ist. Aber wer nicht lernt zu delegieren und darauf zu vertrauen, dass auch andere gute Arbeit leisten, wird irgendwann untergehen. Man kann einfach nicht überall sein und alles tun. Also mach dich frei und lass andere auch mal ran. Das gilt übrigens auch für selbst gemachte Dinge. Vielen Leuten macht es Spaß, Kleider selbst zu nähen, tolle Kuchen zu backen oder ihr Haus selbst zu renovieren. Das ist super! Wenn es dir auch Spaß macht, nur zu. Aber wenn es dir nur Stress bereitet, lass andere übernehmen. Kleider kann man kaufen, Kuchen gibt's hervorragende beim Bäcker und Schreiner brauchen auch Aufträge. Und du hast mehr Zeit für die Dinge, die du wirklich tun willst.

Genieße es, auch mal allein zu sein

Wir neigen dazu, uns ständig mit anderen Menschen zu umgeben. In der Arbeit sitzen wir im Großraumbüro, danach gehen wir noch mit Freunden was trinken und selbst mit den Menschen, die gerade nicht da sind, sind wir per Nachricht oder Social Media in Kontakt. Da bleibt uns wenig Zeit, um uns auch mal mit uns selbst zu beschäftigen. Und wenn wir es dann einmal müssen, wissen wir plötzlich nichts mit uns anzufangen. Deswegen entscheide dich ab und zu bewusst dazu, allein zu sein und genieße es! Mach in dieser Zeit nur das, was du möchtest. Schalte dein Handy aus und sei einmal ganz bei dir. Umso besser kannst du dich danach wieder auf andere und den ganzen Trubel einlassen.

Mach etwas, das dir Spaß macht, zu deinem Beruf

Du wirst sehr viel Zeit in deinem Beruf verbringen. Eigentlich dein halbes Leben. Deswegen ist es sehr wichtig, dass du etwas findest, das du gut kannst und das dir Spaß macht. Das dich auf irgendeine Weise erfüllt. Sicher nicht immer, aber zumindest meistens und grundsätzlich. Denn dein halbes Leben mit etwas zu verbringen, das dich komplett anödet, ist schrecklich. Wähle deshalb deinen Beruf nicht ausschließlich danach aus, was du damit verdienst. Natürlich ist es toll, ein gutes Einkommen zu haben, aber das tröstet dich auch nur ein paar Jahre lang darüber hinweg, dass du dich jeden Tag mit etwas beschäftigen musst, das dich eigentlich nicht interessiert. Und danach sehnst du dich nach etwas, das du gern tust. Also entscheide dich gleich für einen Job, der dir Freude macht.

Lass dir niemals sagen »Das ist nichts für Mädchen«

Jetzt kommen wir zu einem Punkt, der mir ganz besonders am Herzen liegt. Wenn dir irgendjemand bei egal was einmal einreden möchte, etwas sei nichts für Mädchen, beweise ihm einfach das Gegenteil! Warum sollte irgendetwas nichts für Mädchen sein? Mädchen können alles, was Jungs auch können, und wenn sie wollen, auch noch viel mehr. Du willst Astronautin werden? Bundeskanzlerin? Feuerwehrfrau? Den Mount Everest besteigen? Nur zu! Du kannst schaffen, was immer du möchtest. Vor 100 Jahren haben solche Rückwärtsdenker noch behauptet, Mädchen dürften keine Hosen tragen, und schau, wie lächerlich uns das heute vorkommt. Genauso wird es mit allen anderen Dingen sein. Du musst es ihnen nur zeigen.

Mädchen sind
intelligent,
ehrgeizig
und stark.
Sei froh,
eines zu sein.

Danke!

Tausend Dank an meinen Mann. Für alles. Vor allem aber dafür, dass bei dir die Familie immer an erster Stelle steht. Und dass du jeden Abend aus dem Stress im Büro nach Hause hetzt, um unseren allabendlichen Wahnsinn noch mitzuerleben. Du bist der Beste!

Ein riesengroßes Dankeschön geht auch an unsere beiden Omas und Opas. Vielen Dank, dass ihr immer für uns da seid, euch so wundervoll um die Kinder kümmert und dass ihr so viele Extraschichten übernommen habt, damit ich schreiben konnte. Ihr seid die besten Großeltern, die man sich nur wünschen kann!

Danke an all die anderen Mamas für eure Freundschaft, die netten Gespräche und die Inspirationen. Ihr wisst, wer ihr seid!